30 cts
LE BON VIVANT.
CHOIX
DE CHANSONS
DES PLUS
EN
NOUVELLES
et les plus en
VOGUE
Paris Maison AUBERT
DIER GENDRE et Successeur Editeur
ue Domat ancienne Rue du Plâtre
St Jacques

Prix : 30 Centimes.

LE

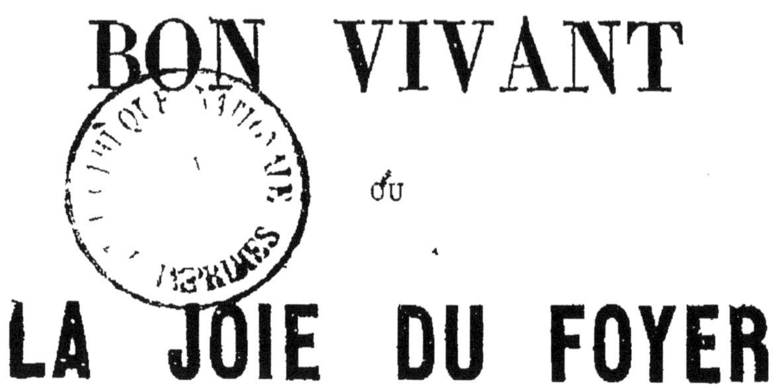

BON VIVANT

OU

LA JOIE DU FOYER

Choix des meilleurs Chansons, Chansonnettes et Romances nouvelles.

PARIS

MAISON AUBERT

VALADIER GENDRE ET SUCCESSEUR

EDITEUR DE CHANSONS

RUE DOMAT, 20, (ANCIENNE RUE DU PLATRE ST-JACQUES).

LE BON VIVANT

LE CABARET

DU

PÈR' BONTEMPS

AIR : *Du Cabaret des trois lurons.*

Dans une ville de Bourgogne,
Un beau matin je vis le jour;
Ma mère, femme à rouge trogne,
Me trouvait plus beau que l'Amour.

Pour bien célébrer ma naissance,
Tous nos amis et nos parents (*bis*).
Pendant trois jours ont fait bombance
Au cabaret du pèr' Bontemps.

Le pèr' Bontemps c'était mon père,
Vigneron au nez bourgeonné;
De boire l'eau de la rivière
Jamais il ne fut soupçonné;
Sans craindre que l'on se révolte
Contre les vins rouges ou blancs, (*bis*),
Sans fraude on vendait la récolte
Au cabaret du pèr' Bontemps.

On n'agit pas partout de même,
Car bien plus d'un fut condamne
Mon père n'admettait l' baptême
Que sur le front d'un nouveau-né;
C'était la franchise en personne,
L'ami de tous les pauvres gens (*bis*).
Qui sans payer avaient leur tonne
Au cabaret du pèr' Bontemps.

Ma mère est morte, et mon vieux père
La suivit de près au tombeau;
Moi, je suis parti militaire;
Sept ans j'ai suivi mon drapeau.
A mon retour dans la boutique,
Maltraitée un peu par le temps, (*bis*).
J'ai fait revenir la pratique
Au cabaret du pèr' Bontemps.

L'ORACLE

DES CHAMPS

Paroles d'Eugéne GRÉGOIRE.

Air : *Mon bel ange aux ailes d'or.*
(*Je t'aime encore*).

Dans la prairie, un beau dimanche,
Une fillette de quinze ans,
Dont le nom sympathique est Blanche,
Consultait l'oracle des champs :
« Puisque de mon amour extrême.
Disait-elle, je fais l'aveu,
Je t'en prie, oh ! dis-moi s'il m'aime ! »
La paquerette dit : *un peu.*

« Un peu, c'est déjà quelque chose,
Reprit Blanche, mais je voudrais,
Puisqu'à m'aimer rien ne s'oppose,
Qu'il m'aime encore plus désormais.
Pour connaître ma destinée,
Je veux t'effeuiller jusqu'au bout. »
Une autre pétale est brisee...
En tombant, elle dit : *beaucoup.*

Le rêve de la jeune fille
Par ce mot se réalisait ;
Son cœur bondit, son regard brille,
« Beaucoup c'est peu pour ma tendresse,
Cela se voit communément ;
Continuons... Ah ! quelle ivresse,
S'il m'aimait *passionnement !* »

« Chère enfant, dit la marguerite,
Voyant Blanche tout en émoi,
Comprime ton sein qui s'agite,

NE REFUSEZ JAMAIS

Paroles d'Auguste HARDY.

Air : *Vieux habits, vieux galons.*

Si chez vous s' présente un ivrogne
Criant bien haut : J'veux d'la besogne?
Qui cherche à vous en imposer,
Faut refuser. (*bis*).
Mais au contrair' s'il se présente
Un homm' disant d'un' voix touchante :
Pour travailler je viens exprès,
Ne refusez jamais. *bis*).

Quand vous voyez une effrontée
Vous tendre sa main ehontée
A seul' fin de vous abuser,
Faut refuser. (*bis*).

Mais si c'est une pauvre mère
Dont les enfants traîn'nt la misère;
Je vous dirai : Soulagez-les!
Ne refusez jamais. (*bis*).
Si d' mauvais propos voir' concierge
Pendant tout' l'anne' vous submerge,
Qu'aux étrenn's il vienn' s'excuser,
Faut refuser. (*bis*).
Quant à voir' brav' propriétaire,
S'il vous dit : De l'annee entière,
Tous les termes sont à mes frais...
Ne refusez jamais. (*bis*).
Si par hasard une gommeuse
Vous dit : J' te f'rai la vie heureuse,
Pourvu qu' tu saches m'amuser,
Faut refuser. (*bis*).
Mais si c'est un' brave ouvrière
Qui n'a que sa beaute pour plaire,
Et dont tous les appas sont vrais,
Ne refusez jamais. (*bis*).
Pour servir d'autr pays qu' la France,
Si l'on vous offre d' l'or d'avance,
C'est là qu'il n' faut pas balancer :
Faut refuser! (*bis*).
Mais au premier cri d' la patrie.
Devrait-on y perdre la vie,
Repondons tous : Nous sommes prêts!
Ne refusons jamais. (*bis*).
Aux exploiteurs de benefices,
Qui n' se servent que d'artifices,
A seul' fin de mieux vous leser,
Faut refuser. (*bis*).
Mais au pauvre artiste qu' l'on aime,
Qui s' trouv' dans une gêne extrême,
Qui, pour vivre, attend vos bienfaits,
Ne refusez jamais. (*bis*).

(*Propriété de l'éditeur*).

LA FILLE DE
MADAME ANGOT

Paroles d'ANDRE MEIGNE.

AIR : *Chico, chico cando, batifolo rupinpelle.*

D' la bonne mère Angot
Je suis la fille
Gentille
J'aime c' qu'est rigolo,
Puisque je m'appelle Angot.

A peine comptais-je quinze ans.
Que l'on admirait ma tournure,
J'avais bon œil, belle figure;
Je n' me faisais pas d'mauvais sens. D' la, etc.

Des vieux barbons, de beaux marquis
Venaient m' présenter leurs hommages,
Comme je les savais volages
Je répondais mes chers amis : D' la, etc.

A la halle un fameux luron
Sut pourtant avoir ma tendresse :
On ne peut pas rester sans cesse,
Quand on est belle, à la maison. D' la, etc.

J'ai voyagé, j'ai vu l' sultan
Qui gouverne dans la Turquie
Et jamais, jamais de ma vie,
Je n'ai senti plus d'agrément.
D' la bonne, etc.

Quand j' suis r'venue dans mon pays
Que l'on nomme la belle France,
J'étais pleine d'impatience
De revoir mon bon vieux Paris.
D' la bonne, etc.

J'ai continué depuis c' temps-là,
Dans les halles, mon p'tit commerce;
J'ai plusieurs bébés que je berce
Et qui savent dire : papa.
D' la bonne, etc.

LES PRÉDICTIONS

POUR CETTE ANNÉE
OU LES VÉRITÉS POUR RIRE

CHANSONNETTE COMIQUE

Paroles de F.-E. PECQUET (de Rouen)

AIR : *Maman, le mal que j'ai, etc.*

REFRAIN.

Si le fait est certain,
Ah ! quelle chance ! pour notra France
A c'que m' dit mon voisin,
Nous s'rons plus heureux l'an prochain

L'on dit q'l'an prochain des loyers,
F'ront cadeau les propriétaires,
Il n'y aura plus de portiers,
Libres seront les locataires. (Si le fait, etc.)

Les boulangers donn'ront leurs pains
Pendant un an à leurs pratiques,
Puis aussi les marchands de vins
F'ront de même dans leurs boutiques. (Si, etc.)

L'épicier et le charcutier,
A crédit vont nous satisfaire,
Le boucher et le charbonnier,
Aussi Purgon, l'apothicaire. (Si le fait, etc.)

L'avare, las de son trésor,
Le donnera à tout le monde,

L'argent, le cuivre, ainsi que l'or,
Fera voltiger à la ronde. (Si le fait, etc.)

L'on dit que tous les avocats
Paieront pour défendre une cause,
Que les huissiers ne feront pas
Payer leurs frais... La bonne chose! (Si, etc.)

Les ivrognes ne boiront plus,
Toute l'année seront fort sages,
Ils auront pour prix d' leurs vertus
De saint Vincent la belle image. (Si, etc.)

Partout, sans le moindre retard,
Plus d'chapeaux, d'toilett' tapageuse,
Ell' ne se mettront plus de fard,
Ni de chevelure trompeuse. (Si le fait, etc.)

C'qui m'chiffonne, mais pour tout d'bon,
C'est qu'les femmes seront maîtresses,
Les hommes port'ront cotillon,
Les coups d'bâton s'ront leurs caresses. (Si, etc.)

Enfin, advienne c' que pourra,
Tout cela ne sont qu'des méprises,
Car à tout cela, qui croira
Est bien croyant pour les bêtises. (Si, etc.)

LE FILS DE GAMBRINUS

Chanson.

Paroles de ANDRÉHAR.

AIR : *Il était un roi bon vivant.*

Chanté au théâtre de l'Ambigu-comique.

REFRAIN. Tout comme mon père,
Le vieux Gambrinus

Je bois de la bière
Tant pis pour Bacchus!
Ainsi que mon père
Je bois à plein verre,
Le nouveau jus (*bis*)
Que je préfère.

Vous pouvez chanter votre vin;
Moi, la bière me met en train.
Quand j'ai bu de la blonde bière
Tout paraît gai; rien n'est sévère;
Tout est joyeux, tout me sourit,
Tout semble divin en ce monde;
Je crois remarquer à la ronde
Gentille femme et bon mari.
Tout comme, etc.

On est heureux par ma liqueur,
Toujours elle donne le bonheur;
La gaîté se montre sans cesse
Lorsqu'elle nous donne l'ivresse.
Sa couleur est celle des blés;
Des flots d'argent forment sa mousse,
Versez, ah! versez sans secousse
Par elle nous seront bercés.
Tout comme, etc.

Qu'une belle parle d'amour,
A la bière il faut avoir recour;
Tout comme le divin Champagne
Elle fait battre la campagne.
Mon vieux père en fut l'inventeur;
Saluons donc ce grand génie!
Qui sut donner à notre vie
La boisson qui lui fait honneur.
Tout comme, etc.

UN BRAVE HOMME
DE PROPRIÉTAIRE

Paroles de J.-E. AUBRY.

AIR : *Je le conserve pour ma femme.*

Dans un' maison de la ru' des Ciseaux,
Où s'en m' gêner j' peux rentrer à toute heure,
Mon chat, mon chien, ma femme et six marmots
Font l'ornement de ma simple demeure.
Dans une loge, au pied de l'escalier,
On ne voit pas ni portier ni portière;
Tout à son aise on peut s' battre et crier,
Tous les trois mois on n'augment' pas l' loyer :
Quel brave homm' de propriétaire !

Si votr' moitié met au monde un bambin,
L' propriétair', qu'avec plaisir je cite,

Vient s' proposer pour être le parrain
Et donn' de quoi fair' bouillir la marmite.
En lui voyant faire tant de cadeaux
On s'rait tenté de croire qu'il est l' père,
Vrai, c'est un homme, et je l' dis en deux mots,
Qui, du malheur aime à calmer les maux :
Quel brave homm' de propriétaire !

Si l'un de nous demande son pass'port
Pour s'en aller dormir dans l'autre vie,
C'est toujours lui qui, derrière le mort,
Se trouve en tête et pleur' l'âme attendrie.
Si sa famille, hélas ! manque d'argent
Pour acquitter les frais du cimetière,
Mieux que pourrait le faire un bon parent,
Il paye tous les frais de l'enterr'ment :
Quel brave homm' de propriétaire !

Son tendre cœur se trouve soulagé
Du bien qu'il fait et de l'argent qu'il prête ;
Jamais sa main n'a signé de congé,
Il ne sait pas réclamer une dette.
Hier matin j'allais, le cœur content,
Pour lui payer une année en arrière,
Il me répond en m'offrant le vin blanc :
V'là votr' quittance et gardez votre argent ;
Quel brave homm' de propriétaire !

Au jour de l'an, toujours de grand matin,
Bien vite il vient nous donner nos étrennes ;
L'jour de sa fête il nous offre un festin,
Mais un festin digne de plusieurs reines.
Il est heureux d' solder nos créanciers,
Et nous somm's tous inscrits chez son notaire ;
Après sa mort nous serons tous rentiers,
Car nous devons être ses héritiers :
Quel brave homm' de propriétaire.

UNE FILLE D'AUBERGE

ROMANCE PATRIOTIQUE.

Paroles de A. P. de NOYERS.

Air : Des *Hirondelles de Béranger.*

(Refrain.)

Je suis fille d'aubrg
Et mon maître a du vin
Dont le Français s'eberge,
Il coule au bord du Rhin,

Venez fils de la France,
Je suis prête à servir
La gloire, la vaillance,
Cela me fait plaisir.
Je connais notre histoire;
Je sais votre valeur,
Aussi je donne à boire
A tout homme de cœur. Je suis, etc.

Un jour dans l'humble ville
Où j'habite et je sers,
Une peuplade ville
Vint chez nous... Ces pervers
Voulaient que je leur serve
Notre doux vin... Jamais !
Non, non ! je le conserve,
Dis-je, pour les Français. Je suis,

Que j'aime ma patrie;
Que j'aime ses enfants;
Je passerai ma vie
A chérir de tout temps
Ce qui naît pour la gloire
De mon noble pays;
Le Rhin comme la Loire
Produit de noble fils. Je suis, etc.

Devant Dieu, je le jure,
Je ne servirai pas,
Loin de moi le parjure,
D'autres que nos soldats.
Je vis sur la frontière,
Accourez voyageurs
Me parler de ma mère,
Me parler de mes sœurs. **Je suis, etc.**

Propriété de l'éditeur.

EN AVANT LA RIGOLADE ...

Paroles d'Alfred BOURRELIER.

Air: *du Bataillon d'Afrique.*

Que l'plaisir est agréable,
Quand on est au cabaret.
On est heureux d'être à table,
Et de boir' ce vin clairet :
Pour nous mettre en train, vraiment,
Il faut chanter camarade :
En avant la rigolade !
La rigolade en avant.

Mes amis, faut que j'vous l'dise
J'aim' bien le vin, mais le bon.
Mais il faut pour que je m'grise
Que je vid' plus d'un flacon :
Pour avoir le cœur content,
Et n'être jamais maussade.
En avant, etc.

De ton chagrin, j' sais la cause,
Pauvr' Léon, tu meurs d'amour.
T'aim' bien la gentille Rose,
Qui n'te pay' pas de retour :
Pour oublier son serment...
Il faut boire une rasade.
En avant, etc.

Entre nous, j' n'appell' pas boire,
Un homm' qui boit comme un trou,
Vous perdez, foi de Gregoire
Des meilleurs vins, le bon goût :
En buvant moderément,
Jamais le cœur n'est malade.
En avant, etc.

Le seul bien des Prolétaires,
Mes chers amis, c'est l'bon vin.
Nous oublions dans nos verres
La misère et le chagrin .
Buvons au Pays, maint'nant,
C'est notr' dernière rasade...
En avant, etc.

LES ORPHEONISTES

Chant national

Paroles d'Auguste HARDY

Musique de *La France guerrière*.

Quand le printemps ramène la verdure
Nous accourons pour semer le bonheur;
Poetisant par nos chants la nature
Nous glorifions ainsi le Createur.
Nos nobles airs savent elever l'âme;
Nos chants joyeux nous donnent la gaîté;
De nos accords il jaillit une flamme,
Et cette flamme est la fraternité.

REFRAIN:

Nos gais refrains chassent les choses tristes;
Nos chants joyeux transportent tous les cœurs.
Chantons toujours, chantons, orpheonistes,
De notre France la grandeur.

Oui, nous chantons de notre chère France
Son grand savoir, sa force, son honneur;
Et nous donnons à tous de l'esperance;
Nous oublions alors plus d'un malheur.
Nos doux accords, en traversant l'espace,
Iront redire aux peuples envieux
Que notre France a la première place,
Pour ses bienfaits, près du maître des Cieux.

REFRAIN :

Nos gais refrains chassent les choses tristes
Nos chants joyeux transportent tous les cœurs.
Chantons toujours, chantons, orpheonistes,
De notre France la grandeur.

Sur quelqu'endroit que tombe la misère
Nos festivals s'organisent pour rien;
Chacun alors vient à notre prière,
En apportant ce qu'il peut de son bien.
Humanité! rallie ainsi les hommes
Par de doux airs, par de nobles accents;
Ils deviendront bientôt ce que nous sommes;
Car nos accords transforment les mechants.

REFRAIN :

Nos gais refrains chassent les choses tristes;
Nos chants sérieux nous transportent le cœur
Chantons toujours, chantons, orphéonistes,
De notre France la grandeur (1).

---

(1) Ce chant a été exclusivement composé pour les sociétés chorales sur le rhythme de *la France guerriere*. Les societes qui desireraient y ajouter une nouvelle musique, ne pourront reproduire qu'un seul couplet pour leur partition, si cette partition doit être livrée à la publicité, et pour le reste des paroles s'adresser à notre maison. (*L'editeur.*)

Les Victimes de l'amour de mon quartier.

Paroles de J.-E. AUBRY.

Air : *du Bataillon d'Afrique.*

Un pharmacien qu'à la vogue
Devait épouser Clara,
Clara, qui n'aim' pas la drogue,
Pour un aut' l'a plante là ;
Dans son désespoir affreux,
Le soir mêm' dans sa boutique,
Il mourait d'une colique..... } *bis.*
Quel malheur d'être amoureux ! }

Mon boucher aimait un' femme
Du beau faubourg Saint-Marceau,
Ne pouvant toucher la dame
Il en pleurait comme un veau ;
Je l'ai vu de mes deux yeux,
Pour cett' passion des plus grandes,
Pendu comm' ses morceaux d'viandes. Quel, etc.

Mon vieux sav'tier, ça m'désole,
J'en ai l'cerveau boul'versé,
Aimait la grosse Nicole,
Un' marchand' de verr' cassé ;
Voyant qu'on l'trouvait trop vieux,
On l'a r'pêché, quell' souffrance,
Au fond de son baquet d'science..... Quel, etc.

L'boulanger, un' bonn' pât' d'homme,
Vient de faire un cruel four
Avec la fille à Jérôme,
Un auvergnat de Saint-Flour ;
La bell' repoussait ses feux,
Et l'boulanger, ça m'épate,
Est mort pour une auvergnate... Quel, etc.

La dernièr' des six victimes
C'est mon vieux grigou d' portier,
Qui n'comptait pas deux intimes
Dans tout l'univers entier ;

Ce vieillard ambitieux
Aimait sa propriétaire,
Hier on l'a mis en terre.....

NE BATTEZ JAMAIS LES ENFANTS

Paroles de Ludovic de JOUANCY.
Air : *Des petits coupeurs de bois.*
Musique de Paul Henrion.

Un jour une mère méchante
Frappait son pauvre enfant, si fort,
Qu'un vieillard à la voix tremblante
Lui dit : certes, vous avez tort ;
Vous avez dans votre jeunesse
A cet enfant donné le jour ;
Voulez-vous dans votre vieillesse
Que pour vous il n'ait plus d'amour?

Croyez-moi, quand le ciel vous donne
Un chérubin aux traits charmants,
Pour l'élever faut être bonne,
Ne battez jamais les enfants.

Madame, écoutez mon histoire :
Mon père une fois me frappa,
J'en gardai longtemps la mémoire,
Je ne lui disais plus « papa. »
Dans ses yeux était la souffrance
Croyant que je ne l'aimais plus...
L'embrassant, il me dit, d'avance :
Les coups ne sont que des abus.
Croyez-moi, etc.

Ainsi, vous comprenez, Madame,
Qu'on doit toujours pour ses petits,
Les adorer du fond de l'âme,
Or, quand vous les voyez grandis,

Ils ont de la reconnaissance;
Ils vous prodiguent leurs bienfaits,
Car ils benissent l'existence,
Des biens que vous leur avez faits.
Croyez-moi, etc.

Pardonnez, répondit la mère,
Au bon vieillard aux cheveux blancs,
Je comprends tout... : plus de colère
Il faut aimer les innocents;
Les élever et les instruire
Avec douceur, je l'ai compris.
Désormais je saurai conduire
Dans le bonheur mon fils chéri.
Ah! je vous crois : quand le ciel donne
A la mère un fils si charmant,
On doit l'aimer; faut être bonne...
Je ne battrai plus mon enfant.

QUAND LA FEUILLE POUSSE

Paroles de Ludovic de JOUANCY.

Air : Mon cœur a vingt ans pour t'aimer,
où : Je t'aime encor.

Tu me demandes, Mariette,
Pourquoi je suis triste et rêveur,
C'est que l'hiver, ô mignonette,
Vient glacer ma dernière fleur.
Vois, la neige couvre la mousse
Où nous aimions à nous asseoir;
Quand sur l'arbre la feuille pousse,
On a du bonheur, de l'espoir.

Vois, nos grands bois n'ont plus d'ombrage,
Tout est froid et silencieux;
Nous n'entendons plus le ramage
Des petits oiseaux si joyeux.

De chez nous le froid les repousse,
Sous d'autres cieux ils font leurs nids,
Quand nous dirons : la feuille pousse,
Ils reviendront dans nos taillis.

L'hiver est une triste chose
Qui n'épargne rien ici-bas;
Il flétrit l'innocente rose,
Aux fleurs il livre ses combats.
Quand du printemps l'haleine douce
Viendra le chasser à son tour,
Nous chanterons : la feuille pousse
Afin de protéger l'amour.

En attendant, ma bien-aimée,
Le retour du joyeux printemps,
Restons près de la cheminée;
Aimons comme on aime à vingt ans.
Le bonheur n'a pas de secousse
Pour qui sait aimer comme nous.
Attendons que la feuille pousse
Et nous ferons bien des jaloux.

(Propriété de l'editeur.)

LA PATTE A COCO

Paroles d'ALEXIS DALÈS.

AIR : *Ah! voilà la vie, la vie suivie*

Sans qu' j'aie l'âme fière,
Je n'crois pas ma foi,
Qu'on trouve sur terre,
Deux gaillards comm' moi!..
Çà n'est pas qu'je m'flatte,
Mais foi de Lousticot,
Pour soigner un fricot,
Je coupe la patte,
La patte, la patte,
Je coupe la patte,
La patte à Coco.

J'ai bien de la peine,
A remplir mon sac,
Car d'une baleine,
J'possèd' l'estomac!
Çà n'est pas qu'je m'flatte,
Mais foi d'Lousticot,
Pour manger un gigot,
Je coupe la patte, etc.

Quand je m'désaltère.
J'vous dis sans façons,
J'boirai la rivière,
Avec les poissons.
Çà n'est pas qu'je m'flatte,
Mais foi d'Lousticot,
Pour bien vider un pot,
Je coupe la patte, etc.
En tout j'suis artiste,

J'fais plus d'un métier,
J'suis maçon, dentiste.
Poëte et charcutier.
Çà n'est pas qu'je m'flatte,
Mais foi de Lousticot,
Pour extraire un chicot,
Je coupe la patte, etc.

J' fais plus d'un' boulette.
J' suis fin pâtissier.
J' sonne d' la trompette,
Et j' suis sabotier,
Ça n'est pas qu' je m' flatte,
Mais foi de Lousticot,
Pour chicquer un sabot,
Je coupe la patte, ete.

J' sais fair' du cirage,
J' dresse des chiens savrnts
Je prends en servage,
Les petits enfants.
Çà n'est pas que j' m' flatte,
Mais foi d' Lousticot,
Pour bercer un marmot,
Je coupe la patte, etc.

LA FOLLE
AU BERCEAU DE SON ENFANT

Paroles de J.-E. AUBRY.

AIR : des *Baisers de ma mère*,
Ou : *Je tenais tant à son baiser*,
Ou : *Mon cœur a vingt ans pour t'aimer*,

Denise, une enfant fraîche et blonde,
Visage de vrai chérubin,
Malgré des pleurs quitta ce monde,
Pour monter au séjour divin.
Au berceau de l'enfant cherie,
La mère, une insensée, helas !
Disait toujours dans sa folie,
Ma fille dort, parlons plus bas.

En vain le trop malheureux père
Cherche à lui rendre la raison;
Mais près du berceau solitaire,
La mère ne rendit qu'un nom :
Denise, ô ! Denise, ma fille
Reste ici ne me quitte pas ;
Tirons les rideaux le jour brille,
Ma fille dort, parlez plus bas.

Parlez plus bas, elle sommeille
Celle que mon cœur aime tant;
Car le moindre bruit la reveille.
Entendez-vous siffler le vent
A double tour fermez la porte
Pour qu'elle ne l'entende pas ;
Vous m'avez dit qu'elle était morte
Ma fille dort, parlez plus bas.

Ma fille dort, faites silence,
J'aime tant à la voir dormir ;
C'est ma joie et mon espérance,
Elle est trop belle pour mourir.
Mourir, elle mon bien suprême
La haut Dieu ne le voudra pas;
Il doit savoir combien je l'aime!
Ma fille dort parlez plus bas.

Propriété de l'editeur.

LA COMÈTE DE 1874
ET LE BON VIN QU'ELLE VA FAIRE

Paroles d'A. MEIGNE

Air : *Pas bégueule* (Fille de Madame Angot)

REFR. : La comète — N'est pas bête,
Nous aurons du beurr' du pain ;
La comète — N'est pas bête,
Ell' nous promet du bon vin !

Pour tous elle se montre,
Nous promettant pour rien
Des bijoux et des montres,
Des feuillettes de vin.
Oui, nous aurons par elle
Tout c' qu'on peut désirer :
La femm' nous s' ra fidèle
Autant que notr' portier. — La comète, etc.

Ell' mettra des lunettes
A tous les bons maris ;
Nous aurons d' la piquette
Pour chasser les soucis.
Toutes les jeunes filles
Pourront se marier,
Et les femmes gentilles
Nous suivront par milliers. — La comète, etc.

Nous irons en voiture
Au lieu d'aller à pied;
Nous mang'rons, je l'assure,
Le meilleur du boucher.
En pleine rigolade,
Nous vivrons tout le temps :
Y n'y aura plus d' malade,
L'hiver sera l' printemps. — La comète, etc.

L' vin sera délectable
Et r'cherche des amours :
Il coul' ra sur les tables,
On en boira toujours.
Nous avons la promesse
Que la comète donn'ra
A tous de la richesse,
Et qu' partout on chant'ra. — La comète, etc

(*Propriété de l'éditeur.*)

MA FEMME ET MON PARAPLUIE

Paroles de Victor Gaucher.

Air : *Les anguilles, les jeunes filles.*
ou : *La manière de s'en servir.*

Mes amis vous allez connaître
Ce que j' fais quand je ne fais rien;
Vous ferez comme moi peut-être
Si vous trouvez bon l' moyen.
Un jour, si parfois je m'ennuie,
Je fais comme monsieur Rifflard :
J'prends ma femme ou mon parapluie,
Et j' m'en vais prom'ner sur l'boulevard.

Mon parapluie on le devine,
Je ne le sors que quand il pleut;
Mais ma femme, c'est comme un' praline,
Ell' craint l'eau presqu' autant que l' feu.
Contre une averse que j'essuie
J'suis heureux d'avoir mon *pépin*.
Il aime l'eau mon parapluie;
Ma femme n'aime que le vin.

Avec ma femme quand je cause,
Elle m'éclabousse souvent,
Vous devinez, je le suppose,
Qu'ell' n'a plus de dents par devant.
Quoique je l'aime à la folie,
Je suis forcé, par precaution,
D'ouvrir tout grand mon parapluie,
Pour lui tenir conversation.

Quand je m'éloigne de la ville,
Je prend toujours mon en-tout-cas,
Attendu qu'il m'est plus utile
Que d'avoir ma femm' sous mon bras.
Si l' temps est beau comme en Toscane,
Alors, cessant de m'abriter,
Mon parapluie me sert de canne,
Ma femme ne sert qu'à m'ereinter.

Si je vais un soir au spectacle,
Mon parapluie en fait autant;
Moi, je n'y trouve pas d'obstacle,
Vu qu'il peut pleuvoir en sortant.
Pour deux sous je l' mets au vestiaire,
Avec mon chapeau par-dessus.
Pour mettre ma femme au parterre,
Ça vaut deux francs; c'est beaucoup plus.

Voilà dix ans que j' le promène
Sans que pour lui j' depense un sou,
Au lieu que ma femme, chaqu' semaine,
Pour sa toilett' coûte un prix fou.

Si j suis veuf un' fois dans ma vie,
Je puis bien vous certifier
Qu' j'achète encore un parapluie;
Ça vaudra mieux que d' me r'marier.

LE ZOUAVE BLESSÉ

Paroles de Jules BIAS

AIR : *Te Souvien-tu?* ou : *La Lionne.*

Un vieux soldat sorti de l'ambulance
Avec un bras de moins, dit en pleurant:
Hélas! après une longue souffrance
Au régiment je ne puis prendre rang,
En combattant pour notre belle France,
Les obus ont mis ma chair en lambeaux,
Et quand viendra l'heure de la vengeance,
Je ne pourrai pas suivre vos drapeaux

Je bondissais à travers la mitraille
Il a fallu qu'on me coupe le bras,
Quand je tombai sur le champ de bataille,
J'eusse aimé mieux voir venir le trépas.
me faudra vivre dans l'espérance
De voir pour moi naître des jours plus beaux,
Et quand viendra l'heure de la vengeance,
Je ne pourrai que bénir vos drapeaux.

Je vais aller vivre dans la chaumière
Où j'ai connu le bonheur autrefois
Au coin du feu causant avec ma mère,
Je redirai mes malheurs, mes exploits.
J'aurai plaisir à montrer à l'enfance
Mon uniforme et ses fiers oripeaux.
Et quand viendra l'heure de la vengeance,
Mon cœur joyeux bénira vos drapeaux.

Le vieux zouave en rentrant chez sa mère,
Autour de lui trouva rangés en chœur,
Tous ses parents, ses amis, puis le maire
Qui lui remit enfin la croix d'honneur.
Pour lui ce fut un moyen d'espérance.
Il eut bien vite oublié tous ses maux.
Il s'écria quand viendra la vengeance,
J'attacherai ma croix à vos drapeaux.

Propriété de l'Éditeur

UN DROLE D'AMOUREUX

(PAYSANNERIE.)

Paroles d'*Alexis DALÈS*.

AIR : *Ah! le bel oiseau maman.*

REFRAIN.

Ah! le drôle d'amoureux!
Quelle binette
Coquette,
Ah! le drôle d'amoureux!
Que Jean Louis Legrincheux.

Sur la route des moulins,
Quand il va faire de l'herbe
Pour régaler ses lapins,
Quelle dégaîne superbe!...
Ah! le drôle, etc.

l est mis comme un gandin,
On voit qu' c'est pas d' la p' tit' blâre
Avec son gilet d' nankin
Et l'habit vert d' son grand-père.
Ah! le drôle, etc.

Moi je l' trouv' joli garçon,
Mais pourtant, faut ben qu'je l
On pourrait s' faire un jupon
Avec le col de sa ch'mise.
Ah ! le drôle, etc.

Il a queuqu' chos' dans le r'egard
Qui vous charme et vous transporte,
Il chante comme un canard
Qu'a l' cou pris dans une porte.
Ah ! le drôle, etc.

Il vous pince un rigaudon
D'une façon delicate,
Ni plus ni moins qu'un dindon
Qui vient de s' brûler la patte.
Ah ! le drôle, etc.

Sans compter les coups d' sabots,
Quand il courtise une fille,
Il lui flanque son poing dans l' dos
D'une façon ben gentille.
Ah ! le drôle, etc.

L'autre jour près de Montreuil,
A la fille du pèr' Gonesse,
Il a presque creve l'œil
Pour lui prouver son adresse.
Ah ! le drôle, etc.

Chacun cheux nous dit qu'il a
Tous les dons de la nature,
Aussi j'aimons c' t'être là
Comme un clou dans not' chanssure.

Ah ! le drôle d'amoureux !
Quelle binette
Coquette
Ah ! le drôle d'amoureux !
Que Jean Louis Legrincheux.

LAPINCHEUX ET SUZON

OU LA FOIRE DE CHEUX-NOUS

CHANSONNETTE

Paroles de Alexis DALÈS.

AIR : *Ça vous Coupe la G.... à 15 pas.*

Ca dépêchons-nous, ma gentille Suzon,
Mets ta toilett' la plus jolie,
Moi j'mets mon gibus, et mon gilet marron,
Et mon habit vert à queue d'pie

J'allons briller comme un soleil,
Dans le village on n'verra rien d'pareil,
N'épargnons rien, distinguons-nous,
Car c'est la foire de cheux-nous.

Ah! jarnicoton! donnons nous du plaisir
Il faut ben qu'on se réjouisse,
J'allons te bourrer, pour te faire plaisir
De galette et de pain d'épice
En fricotant des escargots,
Du petit bleu, nous viderons deux pots,
J'pouvons nous permett' les glouglous
Car c'est la foire de cheux-nous.

Bras dessus-dessous en nous prom'nant
(tous deux),
Nous allons gober les parades,
J'verrons les hercules et les escamoteux,
Avaler des poids des muscades,
J'verrons danser les éléphants,
La femme à barbe et les serpents vivants,
Pour ça j'pourrons risquer deux sous.
Car c'est la foire de cheux-nous.

Enfin nous y v'la, ah! vois comm'c'est beau!
Sens-tu comm'ça sent la friture?
Vois-donc ce sorcier avec son grand chapeau
Qui tire la bonne aventure,
Et c'paillasse qui bat du tambour,
C'est si joli qu'on voudrait être sourd:
On s'amus'vraiement comm'des fous,
Dedans la foire de cheux-nous.

Pour nous rafraichir mangeons deux sous
(d marrons),
Avec moi n'te gên'pas ma fille,
Et si par hasard t'aim mieux lès macarons
De Mayeu j'abattrons la quille,

Ah ! jarnidieu! ma p'tit Suzon.
J'vois qu'tu soupir s'après un mirliton,
Pour l'avoir long, j'mettrons trois sous,
Car c'est la foire de cheux-nous.

Mais j' crois qu'il est temps de retourner
chez nous]
Tu m'fais toujours fair 'des bêtises,
V'la qne j'ai dejà dépensé douze sous
Pour te payer des friandises,
Pour te plair' j'voulons ben t'promener.
Mais j'voulons point malgré ça me ruiner.
Y n'faut pas agir comm'des fous,
Au *mitan* d'la foire d'cheux-nous.

Propriété de l'éditeur.

LE VIEUX SOLDAT

Paroles d'E. Martin.

Air : *Béranger à l'Académie*, ou : *T'en souviens-tu*

Le vieux soldat raconte à sa famille
Tous les exploits dont il fut le témoin.
En leur parlant son cœur bat, son œil brille,
Dans le passé comme il regarde loin !
J'ai vu, dit-il, auprès des Pyramides
Le général toujours victorieux,
Crier : Marchons ! aux soldats intrépides.
Ah ! qu'il est grand ce passé glorieux !

Remplis d'ardeur et bouillants pour la gloire
Nous affrontions les dangers les plus grands
Nous conduisions le char de la Victoire
Et parcourions le monde en conquérants.
À Marengo j'ai sauvé ma bannière
Qu'un Autrichien emportait sous mes yeux...
Et cet exploit termina sa carrière.
Ah ! qu'il est grand ce passé glorieux !

Oui, mes enfants, parmi la fusillade
Nous avancions d'un pas tranquille et sûr.
On aurait dit que c'était la parade
Et les canons de feu formaient un mur.
Pardonnez-moi si parfois je soupire
En rappelant que nous marchions joyeux,
Chantant : La gloire, au Français vient sourire..
Ah ! qu'il est grand ce passé glorieux

Mais tout a fui, tout est loin,l e temps passe,
Les souvenirs faiblissent sous mon front.
Le vieux soldat et son antique audace
Au premier j our dans vos bras s'éteindront.
Quand du débris de notre grande armée,
L'âme à jamais aura fui dans les cieux.
Vous écrirez sur sa tombe fermée:
Il eut art d'un assé glorieux.

Propriété dateur.)

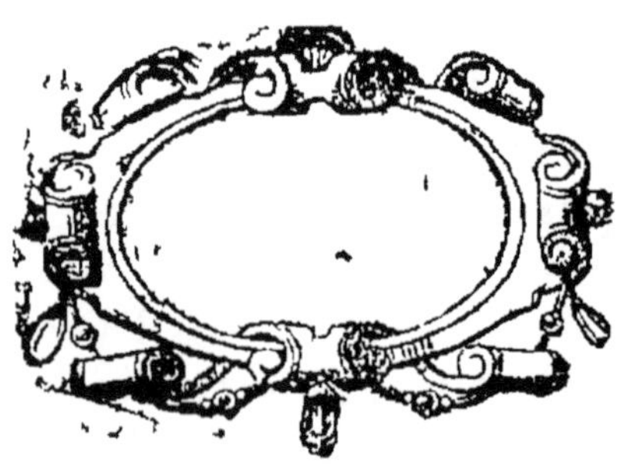

JE PUIS ENCORE ESPÉRER LE BONHEUR

Paroles de Auguste HARDY.

AIR : *La fête du bon Dieu*,
ou : *Béranger à l'Académie*.

La paix enfin redescend sur la terre
Et des mortels termine les débats.
Ah! désormais un repos salutaire
Va succéder aux terribles combats.
Je vois déjà, dans nos champs qu'on resème,
Plus d'un soldat se faire laboureur;
Je vais revoir enfin celui que j'aime,
Je puis encore espérer le bonheur.

Il est parti le cœur plein de courage
Sous le drapeau de nos braves Français,
Du champ d'honneur affronter le carnage,
Et s'illustrer par d'éclatants succès.
Enfin la paix au sein de sa chaumière
Va ramener l'homme cher à mon cœur;
Auprès de lui comme auprès de ma mère
Je puis encore espérer le bonheur.

Ah! qu'il est doux quand l'âme après l'absence
Se sent émue à l'espoir du retour!
Des séparés cesse enfin la souffrance,
Le cœur content peut s'ouvrir à l'amour.
Près de Lucien s'achèvera ma vie,
Mon souvenir vit au fond de son cœur;
Notre union par Dieu sera bénie,
Je puis encore espérer le bonheur.

BACCHUS

Paroles de J. E. AUBRY.

Air : *de Neptune.*

(Chœur) : Oh ! Bacchus (bis), dieu du vin (bis),
Protége nos vendanges.
Oh ! Bacchus (bis), dieu du vin (bis),
Protége le raisin.

(Chant) : Des buveurs à face vermeille,
Aujourd'hui chantent tes bienfaits.
Nous te célébrons sous la treille,
Au bruit de bachiques couplets.

(Chœur): Amis buvons à la mémoire,
Du père de cette liqueur.
Que toujours nous aimons à boire,
Et nous fait répéter en chœur;

Oh! Bacchus, etc.

(Chant) : De Neptune chantez la gloire,
Vous qui ne buvez que de l'eau.
Nous chantons celui que l'histoire
Montre à cheval sur un tonneau.

Amis buvons, etc.

(Chant) : Vidons les brocs, les fûts, les caves
En l'honneur du divin Bacchus.
Nous couronnerons les plus braves
Ceux qui de nous boiront le plus.

Amis buvons, etc.

C'EST POUR MON PÈRE

Paroles de J.-E. AUBRY,

Air : *C'est pour ma mère* (du même auteur),

ou : *Béranger à l'Académie,* ou : *J'ai cinquante ans*

Vous qui passez, la joie au fond de l'âme,
Vous, dont le front rayonne de gaîté,
De vos plaisirs, faites que le programme
Porte ces mots : avant tout, charité !
Si vous saviez comme la peine est grande
Quand on ne peut seul diriger ses pas,
N'oubliez pas l'enfant qui vous demande,
C'est pour mon père, il est aveugle... hélas!

C'est pour mon père, à sa paupière humide
Brille une larme, et dans son pauvre cœur,
Jadis heureux, maintenant est le vide :
Ma mère est morte ! et c'était son bonheur.
Sans cesse à Dieu si je me recommande,
C'est que ma mère au Ciel nous tend les bras
N'oubliez pas l'enfant qui vous demande,
C'est pour mon père, il est aveugle... helas!

Un toit de chaume, où jamais la tristes
N'avait troublé les douceurs au foyer,
En s'écroulant, dans un jour de detresse,
Ensevelit ma mère en son brasier;
Qu'avions-nous fait pour que le Ciel répande
De ces malheurs qui donnent le trépas ;
N'oubliez pas l'enfant qui vous demande.
C'est pour mon père, il est aveugle... hélas!

De mon berceau, pour éteindre la flamme
Qui m'entourait déjà de tout côté,
Mon père fut, dans ce terrible drame,
Victime... alors pour lui l'obscurité!
De vous, j'attends une modeste offrande
Qui doit servir à nos tristes repas;
N'oubliez pas l'enfant qui vous demande,
C'est pour mon père, il est aveugle... hélas!

Il m'en souvient, tout petit, à l'école,
Le magister me disait : Mon enfant,
Aux malheureux va porter ton obole,
Et le bon Dieu sera reconnaissant.
Si vous voulez que là-haut Dieu vous rende
Tout le bonheur qu'on peut faire ici-bas,
N'oubliez pas l'enfant qui vous demande,
C'est pour mon père, il est aveugle... hélas!

(Propriété de l'éditeur).

CONSEILS D'UNE
VIVANDIÈRE AUX CONSCRITS

Paroles de A. HALBERT (d'Angers).

Air *de Noël*, chanté par Renard, de l'Opéra
ou *Si les fleurs parlaient*.

Allons, conscrits, il faut nous mettre en route,
Le tambour bat, il est temps de partir;
Mais, avant tout, s'il faut boire la goutte,
La vieille Jeanne est prête à vous servir.
De mon emploi, voyez-vous, je suis fière
C'est mon bonheur de vous dire en partant :
Allons conscrits, suivez la vivandière,
L'honneur (*bis*) nous le crie en avant!

Chacun de vous, là-bas, laisse une mère,
Un tendre amour, et peut être une sœur,
Vous entendez encor leur plainte amère,
Et le chagrin se glisse en votre cœur.
Mais, devant vous marche notre bannière ;
On se console, amis, en la suivant,
Allons conscrits, etc.

Depuis trente ans, j'ai suivi nos armées,
D'un noble orgueuil, je sens battre mon cœur,
Au souvenir de ces belles journées
Où ce drapeau flottait partout vainqueur.
Puissions-nous tous, jusqu'à l'heure dernière,
Le voir ainsi, toujours fier et brillant.
Allons conscrits, etc.

Pendant longtemps jai parcouru la terre;
En me disant la mort peut arriver ;
Sans frissonner; je la verrai; j'espère;
C'est une étape où chacun doit rester.
Mais écoutez ma dernière prière:
Pour le drapeau; mourez en combattant ;
N'oubliez pas Jeanne; la vivandière
L'honneur; etc.

LES BATONS DE VIEILLESSE

Paroles de J. THIERRY.

Air : *du p'tit lapin de ma femme,*

L'Enfant qui sourit à sa mère
Est un ange consolateur,
Il mêle à ses soins sa prière,
Puis il devient son protecteur.
S'il se rappelle — Autrefois celle
Qui se priva de tout pour le nourrir,
Alors s'il pense — Qu'en son absence
Sans nul secours elle pourrait mourir ;
S'il possède enfin la tendresse
Que nous devons à nos aïeux,
Ils auront, quand ils seront vieux,
Un bâton de vieillesse.

Filles qui n'ayez en partage
Qu'un bon cœur et de frais atours,
N'en demandez pas davantage
Et n'escomptez pas les amours ;
Craignez l'intrigue, — Car on prodigue
Tous les moyens propres à vous tromper :
Fausses caresses, — Folles promesses,
Combien pourtant s'y laissent attraper.
Souvent, dans une douce ivresse,
Vous fletrissez votre avenir,
Vous reste-t-il en souvenir
Un bâton de vieillesse ?

Ne pouvant suivre son cortége,
Le temps qui fuit laisse en chemin
Ce viellard, que rien ne protége
Contre les torts du genre humain ;
Il a, sans doute, — Fait fausse route,
Mais il paya chèrement son tribut :

Quoi, l'on s'en moque — Lorsqu'il invoque
Votre pitié pour arriver au but;
Doit-il succomber de faiblesse
Aux maux qu'on lui voit essuyer?
Oh! donnez-lui pour s'appuyer
Un bâton de vieillesse.

Dans le monde aujourd'hui fourmille
L'egoïsme, ce vice affreux,
On peut, au sein de la famille,
Couler encor des jours heureux;
Pas de tourmente, — Là, dans l'attente,

LES
GARÇONS D'CHEUX NOUS

CHANSONNETTE RUSTIQUE

Paroles d'Auguste HARDY.

Air *de la légende de Me Angot,* ou *Pas bégueule*

Chanté dans la Fille de Mme Angot,
Au theâtre des Folies Dramatiques.

J'habitons un village,
Où les gars ont d' l'aplomb;
Tout en aimant l' tapage,
Chacun est bon garçon.
C'est pas comme à la ville
De maigres freluquets;
Pour nous çà s' flanque un' pile,
Quand on nous touch' trop près.

Refrain : Tous solides,
Intrépides,
N' reculant pas d'vant les coups;
Pour les filles
Très-bons drilles,
Tels sont les garçons d'cheux nous. } *bis.*

I' n' ont point sur leux c'mise
D' la coll' pour la raidir ;
Çà sait dire un' bêtise,
Qui n' vous fait point rougir.
En tout point c'est honnête,
Quand ils veul'nt s'amuser,
Ils n'ont jamais l'air bête
Pour nous faire danser.
Tous solides, etc.

Aux champs toute la s'maine,
Ils s'en vont travailler,
Le soir après la peine,
Ils viennent s'egayer,
Auprès d' leux fiancée,
Car la mode d' cheux nous
Fait d'un' fille, un' mariée;
D'un garçon, un époux.
Tous solides, etc.

Lorsque pour la Patrie
Un garçon doit partir,
A sa cher' bonne amie,
Il donne un souvenir.
Maint'nant s'il a la chance,
De revenir un jour,
I' s' marie et l'on danse,
Pour fêter son amour.
Tous solides, etc.

J' préférons à la ville,
Le village ou je suis,
La jeun' fille est tranquille
Et n'a jamais d'ennuis.
Quand arrive l' dimanche,
Elle se dit : ce soir,

J' mettrai ma guimpe blanche,
Afin d' le recevoir.
Tous solides, etc.

Cheux nous les mariages,
S' font toujours très-souvent,
Et des autres villages
On arrive gaiement.
Pour nous pas d'étiquettes,
Les garçons qu'ont le désir
D'embrasser les fillettes
Le font avec plaisir.
Tous solides, etc.

TABLE

FIN.

Paris. — Typ. A. Parent, rue Monsieur-le-Prince.

www.ingramcontent.com/pod-product-compliance
Ingram Content Group UK Ltd.
Pitfield, Milton Keynes, MK11 3LW, UK
UKHW020217200726
13856UKWH00004B/1441